LE SIÈGE DE LILLE

EN 1792

Par Désiré LACROIX

(2ᵉ ÉDITION)

PARIS
11, Place Saint-André-des-Arts.

LIMOGES
46, Nouvelle Route d'Aixe, 46.

HENRI CHARLES-LAVAUZELLE
Éditeur militaire.

C

LE SIÈGE DE LILLE

EN 1792

DROITS DE REPRODUCTION ET DE TRADUCTION RÉSERVÉS.

LE
SIÈGE DE LILLE
EN 1792

Par Désiré LACROIX

(2ᵉ ÉDITION)

PARIS | LIMOGES
11, Place St-André-des-Arts | Nouvelle Route d'Aixe, 46.

Henri CHARLES-LAVAUZELLE
Editeur militaire.

1893

PRÉFACE

La ville de Lille a célébré, le 8 octobre, avec une grande solennité, l'anniversaire du centenaire de la levée du siège qu'elle eut à subir en 1792. Ce siège est l'un des plus brillants faits d'armes de la première République. Il a montré combien était grand le patriotisme d'une population qui jura de s'ensevelir sous les ruines de sa cité plutôt que de la livrer à l'étranger. Aussi croyons-nous intéressant de faire connaître à nos concitoyens le précis historique de ce siège mémorable.

LE SIÈGE DE LILLE

EN 1792

> « Honorer la grandeur du passé, c'est préparer les dévouements de l'avenir... »
> (Discours de M. Géry-Legrand, maire de Lille, le 8 octobre 1892.)

I

Pendant que les Prussiens s'avançaient en France à travers les plaines de la Champagne, le duc Albert de Saxe songeait à l'occupation de quelques-unes des places les plus importantes de la Flandre française, occupation qui lui eût procuré, avec un dépôt d'armes, le triple avantage de couvrir ses possessions dans la West-Flandre, de conserver la facilité de faire au besoin, et quand il jugerait le moment convenable, une irruption en France, et enfin d'opérer pour le moment une diversion en faveur des coalisés, en contraignant Dumouriez à dégarnir le centre de sa ligne pour secourir le point attaqué sur sa gauche.

Le général français n'avait pas trop alors de toutes les forces qu'il avait rassemblées en Champagne pour arrêter l'armée ennemie aux gorges de l'Argonne. Cette diversion, si le duc Albert eût, en effet, réussi à l'opérer, aurait compromis probablement de la manière la plus grave le sort de cette campagne, dans laquelle les Prussiens reçurent, à Valmy, de nos jeunes recrues « une leçon aussi peu attendue que bien méritée ».

Albert de Saxe se hâta donc de rallier toutes ses troupes et d'appeler à lui Beaulieu et Latour. Enfin, dégagée de tout obstacle et libre dans ses mouvements, son armée franchit la frontière, et, « comme un torrent qui rompt ses digues, couvrit le territoire français ».

Après avoir enlevé, le 5 septembre, les postes de Lannoy, Roubaix et Tourcoing, elle entra, le 8, à Saint-Amand et, le 11, elle occupa Orchies, qui avait été évacué la veille. Ses troupes légères se répandirent dans le voisinage des places de premières lignes, dont elles interrompirent ou gênèrent les communications.

Le duc Albert semblait indécis de quel côté il ferait peser le poids de ses forces. Ses premiers mouvements menaçaient, à la fois, Lille, Douai et Valenciennes. Bientôt, cependant, ses projets ne furent plus un problème ; le 23 septembre, son armée vint asseoir différents camps dans le voisinage de Lille. Le plus considérable fut établi entre les villages de Lezennes et d'Annappes, à une portée et demie de canon de la place de Tournai.

Lille est placé en première ligne sur l'extrême frontière de la Flandre : « C'est une des plus belles et des mieux fortifiées de la Flandre, ouvrage de Vauban, qui semble, à cause de sa position, y avoir épuisé son génie dans l'établissement des moyens de défense ; la citadelle, pentagone régulier armé de cinq bastions et de courtines couvertes par des tenailles en terre, passe pour le chef-d'œuvre du célèbre ingénieur militaire. Tout à l'entour, règnent un double fossé et un double chemin couvert. Du côté de la campagne, les angles rentrants de l'avant-fossé sont garnis de sept demi-lunes en terre. La ville est traversée par la Deule, dont les eaux remplissent ses fossés. Son enceinte est défendue par quatorze bastions couverts de demi-lunes et de tenailles et par quatre ouvrages à cornes. (Cette description est faite d'après une notice de l'époque.)

Les fortifications étaient généralement en bon état et la ville se trouvait passablement approvisionnée ; mais la garnison s'élevait à peine à 7,000 ou 8,000 hommes, c'est-à-dire à la moitié du nombre nécessaire pour une défense dans toutes les règles, encore la plus grande partie de ces soldats ne se composait-elle que de volontaires nationaux d'un dévouement et d'une bravoure à toute épreuve. 1,200 cavaliers, que renfermait la place, ne comptaient que 600 chevaux affectés à leur service ; enfin 132 canonniers seulement devaient servir la nombreuse artillerie des remparts.

Mais cette disproportion entre les moyens de défense

et ceux qu'eût rendus nécessaires le service régulier de la place était compensée par l'exiguité des ressources que le duc Albert de Saxe avait à sa disposition. En effet, le corps d'armée destiné à l'attaque ne comptait qu'environ 25,000 hommes d'infanterie et 8,000 chevaux ; il n'avait qu'une artillerie de 50 pièces et 12 mortiers.

Aussi une pareille tentative aurait-elle pu être considérée comme un acte véritable de folie sans les motifs qui l'avaient fait entreprendre. Le duc Albert, imbu de la fausse opinion qui avait déterminé l'invasion de la Champagne, comptait, pour sa réussite, sur la coopération des habitants ; il croyait de Lille ce qu'il croyait du reste de la France : que cette place renfermait une foule de partisans des alliés, qui n'attendaient qu'une occasion favorable pour se déclarer. Enfin, le général autrichien ne doutait pas que la bourgeoisie, aux premiers dégâts du bombardement, ne contraignît la garnison à capituler.

L'investissement de Lille, commencé le 23 septembre, était déjà, le 24, aussi complet qu'il devait jamais se trouver. Il ne restait à la place d'autre porte libre que celle d'Armentières et d'autres communications que celles de la ligne de Dunkerque. Au moment de l'investissement, le maréchal de camp Ruault était commandant de place, et il avait pris, autant qu'il était en son pouvoir, tous les moyens qui pouvaient contribuer à mettre la ville dans un bon état de défense. Il avait, particulièrement, donné tous ses soins pour conserver libres les communications avec Béthune,

Dunkerque et les autres places dont il pouvait tirer des secours et des vivres par la Lys et la Deule, petites rivières que l'ennemi n'osa point passer.

Les premières opérations de la défense furent dirigées par le lieutenant général Duhoux ; mais, le 29 septembre, par suite de son rappel à Paris, il dut remettre le commandement au maréchal de camp Ruault, qui l'exerça jusqu'à la fin du siège. Son nom figure en cette qualité sur le précis que nous donnons ci-après, relatant le détail, jour pour jour, depuis le 23 septembre jusqu'au 9 octobre 1792, de toutes les opérations du siège, tant du côté de l'attaque que de la défense, avec une précision et un laconisme remarquables et faisant connaitre la part glorieuse que chacun a prise à la victoire de la France.

JOURNAL PRÉCIS
DE L'ATTAQUE DE LILLE

DU 24 SEPTEMBRE AU 8 OCTOBRE 1792

L'an 1er de la République françoise

Rédigé sous les yeux du conseil de guerre

La confiance naturelle où l'on devait être que l'ennemi n'oserait tenter une entreprise aussi hardie que l'attaque de Lille n'avait point ralenti l'activité des mesures défensives. Tout se disposait pour lui opposer une vigoureuse résistance, lorsqu'un changement survenu dans la position de nos armées ouvrit jour à l'exécution de son projet. Avant d'entrer dans le narré de ses opérations, il est important de le faire précéder de quelques détails antérieurs sur les mouvements qui les ont déterminées.

La garnison de Lille étant considérablement diminuée par le rassemblement des forces qu'il fallait opposer à l'ennemi au camp de Maulde, après la levée du camp de Famars et la marche de la majeure partie des troupes vers l'armée du centre, nous n'occupions que par faibles détachements les postes de Lannoy et de Roubaix, à trois lieues en avant de Lille.

L'ennemi s'en empara dès le 5 septembre et y développa des forces supérieures, contre lesquelles on ne put rien tenter sans compromettre évidemment la sûreté de la place confiée au général Ruault, bien moins encore lorsque la levée du camp de Maulde, le 7, nécessitée par l'invasion de l'armée prussienne en Lorraine, et sa marche rapide vers le centre eurent mis la frontière à découvert. L'ennemi s'empara de Saint-Amand dès le 8 ; Orchies, évacué le 10, fut bientôt en son pouvoir ; un essaim de troupes légères se développa sur toutes nos communications dès le moment que nous cessâmes de tenir la campagne.

Cependant, le général Ruault avait fait faire, le 11 et le 12, deux sorties successives sur les avant-postes de l'ennemi, avec 400 hommes, 100 chevaux et 2 pièces de canon, l'une et l'autre commandées par M. Clarenthal, lieutenant-colonel du 6ᵉ régiment de cavalerie. Elles eurent un succès tel que l'ennemi fut repoussé au delà de Flers et d'Annappes. L'ennemi, se renforçant chaque jour considérablement, surtout en cavalerie, on ne put rien entreprendre au delà, et les autres places de première ligne, comme celle-ci, menacées tour à tour par divers mouvements, ne purent s'occuper que de leurs moyens défensifs et du renforcement de leur garnison respective.

L'armée ennemie se développa successivement en divers camps, dont les détachements, poussés assez près de la place, eurent bientôt intercepté toutes nos communications, à l'exception de celles avec Béthune et Dunkerque, immédiatement couvertes par le canal de la haute Deule, sauf la partie intermédiaire entre Lille et Haubourdin ; toute l'attention des généraux dut donc s'y porter : ce poste fut occupé, ainsi que l'abbaye de Loos ; Armentières fut renforcé pour défendre cette partie du cours de la Lys et couvrir nos dépôts de subsistances. La basse Deule fut également soutenue d'environ 900 hommes et 4 pièces de canon aux postes de Wambrechies et de Quesnoy.

Telles étaient nos dispositions, lorsque, le 23 septembre au matin, on s'aperçut clairement de celles de l'ennemi ; les rapports des jours précédents nous avaient informés qu'il campait déjà vers Ennetières et Lesquin, entre Lille et Pont-à-Marcq. On découvrit, des lieux les plus élevées de la ville, qu'il formait un camp plus considérable entre les villages de Lezennes et d'Annappes et qu'il s'étendait successivement, en différentes parties, vers Flers et Mons-en-Barœul. Nous gardions la tête du faubourg de Fives, tandis qu'on s'occupait à faire dans cette partie l'abatis des haies, pour éclairer ses mouvements et y diriger les feux de la place.

Le 24, dans la journée, l'ennemi poussa quelques chasseurs vers les Belges, qui gardaient cet avant-poste, ce qui détermina le lieutenant général Duhoux, arrivé depuis peu de jours, à faire une sortie avec 200 hommes de différents piquets de la garnison et deux pièces de canon, non compris la grand'garde journalière de 100 hommes de ligne, d'une pièce de canon et de 30 chasseurs belges. L'ennemi s'éloigna bientôt, après avoir essuyé quelques pertes dans sa cavalerie, dispersée par le feu nourri de ces pièces. Le général à peine rentré dans la place, on apprit que l'ennemi se rapprochait en force de la tête du faubourg et que la grand'garde avait été obligée de se replier sur la lunette de Fives et dans les chemins couverts ; il fut résolu de l'attaquer le lendemain, et les dispositions furent faites de suite.

Le 25, à 6 heures du matin, le lieutenant général Duhoux, commandant en chef, accompagné, comme il l'avait été la veille, par le maréchal de camp Champmorin, sortit avec 600 hommes aux ordres de M. Depierre, lieutenant-colonel du 24e régiment, de M. Valhubert, lieutenant-colonel du bataillon de volontaires de la Manche (1), 100 chevaux commandés par Clarenthal, lieutenant-colonel du 6e régiment, et 4 pièces de canon. Mais, à peine fut-on parvenu aux premières maisons du faubourg, que l'ennemi, qui l'occupait dans tous les points, fit un feu très vif sur notre avant-garde. Ces troupes se déployèrent successivement, et le feu, tant de nos pièces que de la mousqueterie, repoussa l'ennemi jusque vers la tête du

---

(1) Valhubert (Jean-Marie), né à Avranches le 22 octobre 1764, devenu général de brigade. Il combattit à Austerlitz avec une valeur admirable ; il y eut la cuisse fracassée par un éclat d'obus et mourut presque aussitôt des suites de ses blessures. Son nom a été donné à une des places qui touchent au quai d'Austerlitz, à Paris.

faubourg, où une résistance opiniâtre, après trois heures d'action, fit juger de la supériorité de ses forces, d'ailleurs masquées par le fourré des dernières fermes.

Le général ordonna la retraite ; elle se fit au petit pas et en bon ordre et fut protégée par les dispositions qu'avait faites le général Ruault dans les chemins couverts, et soutenue du feu de l'artillerie de la place et des ouvrages extérieurs. Nous eûmes, dans cette sortie, deux hommes tués et une quinzaine de blessés. Philippe Chabot, capitaine au 15ᵉ régiment, du nombre de ceux-ci, mourut le même jour. La perte de l'ennemi fut considérable.

Le conseil de guerre, assemblé à la suite de cette expédition, déclara la place en état de siège. On s'occupa, dès ce moment, de toutes les mesures qui restaient à prendre pour assurer et prolonger la défense. L'artillerie, aux ordres du lieutenant-colonel Guiscard, fit, sur le front menacé, toutes les dispositions convenables ; elle travailla avec la plus grande activité à faire l'évacuation des magasins à poudre de la vieille porte de Fives et de la Noble-Tour. Le génie, par les soins du lieutenant-colonel Garnier, chef dans la place, disposa toutes les manœuvres d'eau pour tendre la grande inondation, des blindages pour abriter davantage l'un des magasins à poudre de l'Esplanade, et d'autres précautions du même genre dans l'intérieur de la citadelle pour la sûreté de ses défenseurs.

Le 26 au matin, on reconnut que l'ennemi avait ouvert la tranchée, dans la nuit, par une communication très éloignée partant des premières maisons du village d'Hellemmes et allant gagner le chemin du Long Pot, attenant au faubourg de Fives. L'extrémité de son travail semblait annoncer le développement de sa première parallèle à environ 350 toises du saillant des ouvrages extérieurs du front de la Noble-Tour. Le général Duhoux ordonna une sortie dans l'après-midi; les dispositions faites, il marcha par la porte des Malades avec les maréchaux de camp Ruault et Champmorin, et l'aide de camp du général Ruault, 600 hommes d'infanterie des volontaires nationaux, commandés par MM. Chemin, Valhubert et Blanchard, 150 chevaux aux ordres de M. Baillot, lieutenant-colonel du 13e régiment de cavalerie, et 250 Belges conduits par M. Osten, lieutenant-colonel commandant (1). Le feu de l'artillerie de la place avait foudroyé, par diverses salves, le travail de l'ennemi ; nos troupes achevèrent de l'en déloger, non sans une perte considérable de sa part. Nous n'eûmes que deux Belges de blessés ; la cavalerie de l'ennemi n'osa rien entreprendre sur la retraite, qui fut protégée par la nôtre et par le canon de la place.

---

(1) Osten (Pierre-Jacques), né à Menin en 1759, vint servir la France au premier cri de guerre qui se fit entendre sur nos frontières menacées par les coalisés. Nommé chef de brigade de deux bataillons de chasseurs belges le 1er janvier 1793, il commanda, à l'époque de l'invasion de la Belgique, les troupes du général Lamarlière ; il mourut général de brigade, en 1814, des suites d'une blessure qu'il avait reçue le 27 février de cette année, dans l'île de Wilhemsbour, entre Hambourg et Haarbourg. Il donna, dans toutes les circonstances, des preuves d'une grande valeur.

Le 27, l'ennemi, sans avoir beaucoup étendu ses ouvrages vers la gauche, avait travaillé la nuit à se perfectionner, et se prolongeait sur la droite, à l'abri des masures du faubourg, que les Belges avaient incendié et que le canon avait battu avec succès ; ses dispositions faisant juger qu'il pourrait embrasser en attaque régulière le front de la Noble-Tour, le maréchal de camp commandant le génie fit la reconnaissance d'une lunette à placer en retour du faubourg des Malades et qui aurait battu tellement à revers les tranchées de l'ennemi que leur cheminement eût été de la plus grande difficulté. Les officiers du génie firent travailler dans l'après-midi à la communication de l'ouvrage à établir ; mais l'ennemi s'étant concentré dans le projet d'un bombardement, il n'en fut pas fait suite.

Le 28, les travaux de l'ennemi se bornèrent, comme la veille, à faire des dispositions de batteries formidables, auxquels il travaillait avec la plus grande activité, tant de jour que de nuit, à l'aide des couverts derrière lesquels il s'enfonçait ; le grand feu de la place, qui se dirigea sur tout son développement, dut cependant lui faire perdre du monde, comme on l'a su par le rapport de quelques déserteurs.

Le 29 au matin, l'ennemi poursuivit l'achèvement de ses batteries, quoique notre feu ne cessât pas de le tourmenter. Tel était l'état de ces choses, lorsque, vers 12 heures, on vint annoncer au conseil de guerre qu'un officier supérieur autrichien, accompagné d'un trompette, se présentait à la porte Saint-Maurice. Le général Ruault, redevenu commandant en chef depuis les ordres donnés au général Duhoux de se rendre à Paris, détacha aussitôt le capitaine Morand, son aide de camp, pour aller, conjointement avec M. Varennes, colonel du 15ᵉ régiment d'infanterie, recevoir l'officier de l'armée ennemie ; on lui fit traverser la ville en voiture, les yeux bandés, et il fut introduit au conseil.

Il remit alors une dépêche du capitaine général Albert de Saxe, portant sommation au général commandant de rendre la ville et la citadelle à l'empereur et roi (1) ; il annonça qu'il en avait une autre pour la municipalité ; mais, sur l'observation qui lui fut faite que les lois françaises, suivant lesquelles la place avait été mise en état de siège, ne permettaient pas de le laisser communiquer avec la municipalité, cet officier consentit à la remettre au général commandant, qui lui donna l'assurance de la faire passer de suite à sa destination et de lui en remettre la réponse conjointement à la sienne.

---

(1) Monsieur le commandant, l'armée de Sa Majesté l'Empereur et Roi, que j'ai l'honneur de commander, est à vos portes. L'humanité m'engage, Monsieur, de vous sommer, vous et votre garnison, de me rendre la ville et la citadelle de Lille, pour prévenir l'effusion du sang. Si vous vous y refusez, Monsieur, vous me forcez, malgré moi, de bombarder une ville riche et peuplée, que j'aurais désiré de ménager. Je demande incessamment une réponse catégorique.

Fait au camp devant Lille, le 29 septembre 1792.

Le lieutenant gouverneur et capitaine général des Pays-Bas autrichiens et commandant général de l'armée impériale et royale,

Albert DE SAXE.

Vers 1 heure de l'après-midi, l'officier autrichien sortit de la salle du conseil et fut reconduit avec les mêmes précautions à la porte Saint-Maurice. Le peuple, qui avait témoigné à ce parlementaire tout le respect commandé par le droit des gens, ne fut pas plus tôt instruit de l'objet de sa mission que des rumeurs s'élevèrent de toutes parts sur les pas de l'envoyé. Des cris redoublés de : *Vive la Liberté ! Vive la Nation !* s'élevèrent de la foule. Citoyens, soldats, officiers, généraux, tous partagèrent l'indignation d'une sommation révoltante et la fermeté énergique avec laquelle les officiers municipaux et le général commandant avaient juré de mourir fidèles à la Patrie (1).

---

(1) *Réponse du général Ruault au duc Albert de Saxe :*
 « Monsieur le commandant général,
» La garnison que j'ai l'honneur de commander et moi sommes résolus de nous ensevelir sous les ruines de cette place, plutôt que de la rendre à nos ennemis ; et les citoyens, fidèles comme nous à leur serment de « vivre libres ou de mourir », partagent nos sentiments et nous seconderont de tous leurs efforts.
» Lille, le 29 septembre 1792, l'an 1er de la République françoise.
» *Le Maréchal de camp, commandant à Lille,*
» RUAULT. »

Réponse de la municipalité de Lille à Albert de Saxe :
« Nous venons de renouveler notre serment d'être fidèles à la Nation, de maintenir la Liberté et l'Egalité, ou de mourir à notre poste. Nous ne sommes pas des parjures.
» Fait à la maison commune, le 29 septembre 1792, l'an Ier de la République françoise.
» *Le Conseil permanent de la commune de Lille,*
» ANDRÉ, maire.
» ROHART, secrétaire-greffier par intérim. »

A peine l'envoyé eut-il atteint les postes de l'armée ennemie, que son artillerie, par la détonation subite de douze mortiers et vingt-quatre pièces de gros canons tirant à boulets rouges, jeta l'alarme dans les divers quartiers de la ville. Notre artillerie opposa à ce feu épouvantable, soutenu avec la plus grande vivacité, toute l'énergie de moyens dont elle était capable ; cependant, l'église de Saint-Etienne et les maisons voisines furent bientôt la proie des flammes, malgré la célérité des secours, que les officiers municipaux conduisirent en personne.

Le 30, l'ennemi soutint tout le jour, comme il l'avait fait dans la nuit, le feu étonnant de la veille ; l'incendie continua autour de l'église Saint-Etienne. Un autre plus considérable s'était manifesté dans le quartier de la paroisse Saint-Sauveur, où l'ennemi avait dirigé un déluge de bombes. Les citoyens, les soldats, animés par la présence des officiers municipaux, s'efforcent d'en arrêter les progrès ; leurs efforts sont vains ; on porte des secours partout où le même danger peut se manifester, et ce n'est pas sans des soins infinis que les citoyens des différents quartiers, veillant jour et nuit, à travers tous les dangers, à suivre la direction des boulets rouges dans la toiture des maisons, parviennent à en arrêter les effets les jours suivants.

Le 1er octobre, même feu soutenu de la part de l'ennemi, malgré la vivacité du nôtre. Des incendies partiels se manifestent encore ; des secours prêts et rassemblés à la maison commune y volent avec les pompes. Ce même jour, arriva le général Lamarlière avec six bataillons de volontaires nationaux, deux de troupes de ligne et trente-sept canonniers citoyens de Béthune.

Le 2, le feu de l'ennemi s'était un peu ralenti et par intervalle, tourmenté sans doute et affaibli par la vivacité du nôtre, tant de canons que de mortiers ; il nous arriva ce même jour un bataillon de volontaires fédérés.

Le 3, dès la pointe du jour, le feu de l'ennemi et le nôtre furent très vifs de part et d'autre ; la surveillance continuelle des citoyens aux incendies les arrêtait partout où il s'en montrait (1).

Les pompes de la ville suffisaient à peine ; ce fut donc dans les transports d'une joie universelle et d'un sentiment difficile à rendre que l'on vit arriver à la fois les pompes des villes de Béthune, Aire, Saint-Omer et Dunkerque (celle-ci avait envoyé les siennes en poste) ; elles furent du plus grand service dans ce moment (2).

---

(1) La familiarité que le citoyen et le soldat avaient prise dès les premiers jours du bombardement avec l'essaim des boulets rouges lancés par l'ennemi les avait rendus ingénieux sur les moyens d'en parer les ravages. Chaque rue avait, sur divers points de son étendue, des guetteurs qui, jour et nuit, observaient la direction des boulets ; ils les suivaient à la piste au moment de leur chute, volaient promptement à leur découverte, et les éconduisaient, après les avoir noyés à outrance dans les vases que chaque maison tenait pleins d'eau à cet effet.

(2) Des secours en vivres et en défenseurs s'annonçaient de même et arrivaient de toutes parts, tant la courageuse résistance de Lille à un genre d'attaque aussi révoltant donnait d'énergie aux habitants des villes contre l'agresseur.

Le 4, l'ennemi avait moins tiré dans la nuit, où il s'était occupé, sans doute, à réparer le désordre que nos batteries avaient pu causer dans les siennes. Mais, depuis 8 heures du matin jusqu'à 11 heures, il fit, à la fois, le feu le plus vif et le mieux soutenu de bombes, de boulets rouges et de boulets froids, soit que les premiers manquassent à sa durée, soit qu'il voulût tromper la vigilance des citoyens à travers l'abondance effroyable d'un tel feu ; le nôtre ne fut pas moins soutenu, et l'un et l'autre s'attaquèrent de nouveau, vers les 2 heures de l'après-midi, avec la plus grande violence. Deux bataillons de volontaires et un de troupe de ligne entrèrent ce même jour dans la place (1).

Le 5, le feu de l'ennemi, qui avait continué pendant la nuit, mais avec quelques intervalles de repos, pa-

---

(1) Ce fut dans le cours de cette journée du jeudi 4 octobre et de la nuit suivante que Lille eut à déplorer le plus de malheurs, et que ses canonniers, parfaitement secondés par leurs camarades de Béthune et de l'armée, montrèrent le plus d'intrépidité et de sang-froid. Ils rendirent feu pour feu aux Autrichiens. dont les tranchées se remplirent de sang et de cadavres. Une bombe lancée par le canonnier lillois Reboux, l'un des meilleurs pointeurs du corps, fait éclater un caisson ennemi chargé de poudre, dont l'explosion lance dans les airs les membres épars des soldats qui l'escortent et en blesse un grand nombre d'autres. Un instant après, un autre boulet, parti des remparts, fait crever la culasse d'un mortier autrichien, que l'on voit encore, tout mutilé, dans la cour de l'hôtel des Canonniers. Au milieu de ces scènes d'horreur et de carnage, le capitaine Ovigneur, digne chef de ces intrépides compagnons, apprend que sa maison est en feu et fait à celui qui l'en instruit cette héroïque réponse : « Tu vois l'ennemi : je suis à mon poste, j'y reste ; rendons-leur feu pour feu ! »

rut beaucoup moins vif dans la matinée ; il s'affaiblit sensiblement dans le reste de la journée et ne tirait plus que de quatre à cinq pièces, toujours à boulets rouges, sans qu'il en résultât d'autres incendies inquiétants.

Le soir, à 8 heures, arrivèrent au conseil de guerre les citoyens Delmas, Duhem, de Bellegarde, Duquesnoy, d'Aoust et Doulcet, commissaires-députés de la Convention nationale ; ils y prirent séance dans le moment où l'on agitait la question des sorties vigoureuses proposées par le général Bourdonnaye (1), commandant en chef l'armée, idée à laquelle la position formidable de l'ennemi permettait bien moins de se prêter que sur un développement d'attaque ordinaire. Le général commandant leur rendit compte de l'état de la place et de la vigueur des moyens de résistance opposés jusqu'à ce jour.

Le 6, l'ennemi, qui n'avait tiré que par intervalle dans la nuit, répondit encore moins le jour à la vivacité du nôtre ; il ne tirait plus que de quatre pièces à boulets rouges, et son feu cessa entièrement dans l'après-midi. Les rapports qui nous furent faits, tant de la part des déserteurs que des dehors, s'accordèrent à annoncer la retraite de l'ennemi et la marche

---

(1) Labourdonnaie (Anne-François-Auguste de), né à Guérande en 1747, mort à Dax en 1793. Entré dans l'armée avec le grade d'enseigne, il prit part aux dernières affaires de la guerre de Sept ans et devint sous-aide-major colonel en 1771, brigadier des armées du roi en 1774 et maréchal de camp en 1788.

de sa grosse artillerie vers Tournai; la nôtre ne le laissa pas plus tranquille dans ses retranchements (1).

Le 7, nul feu de l'ennemi ne s'était fait entendre dans la nuit; deux salves de notre artillerie précédèrent la découverte que le général avait ordonné de faire à 6 heures du matin. M. Bourdeville, premier lieutenant-colonel du 7e régiment, sortit par la porte Saint-Maurice avec 200 hommes, deux compagnies de grenadiers et un détachement de hussards; plusieurs coups de mousqueterie des vedettes de l'ennemi sur ceux-ci et quelques autres parties des retranchements ne laissèrent aucun doute sur sa présence; le lieutenant-colonel, qui avait eu ordre de marcher avec précaution et de ne rien hasarder, fit sa retraite sous la protection du feu de la place. Des déserteurs nous rapportèrent, en effet, à midi, que l'ennemi gardait encore ses retranchements avec un bataillon d'infanterie, de nombreux piquets de grenadiers et deux dernières pièces de canon.

Le 8, le général fut informé, dans la matinée, que l'ennemi avait fait sa retraite dans la nuit et se por-

---

(1) C'est dans le cours de cette journée du 6 que se passa un fait qui donne assez à connaître l'esprit patriotique et le courage résigné qui animaient les citoyens de Lille pendant cette désastreuse semaine. Un perruquier, nommé Maes, ayant vu éclater une grosse bombe dans la rue du Vieux-Marché-aux-Moutons, en prit un éclat et se servit de ce singulier plat à barbe pour raser vingt-deux de ses voisins, en pleine rue, au sifflement des boulets.

tait de l'autre côté de La Marque, à peu près à moitié chemin de Tournai ; il ordonna de suite au maréchal de camp Champmorin de se porter en avant du faubourg de Fives, à la tête d'un détachement de 500 hommes des volontaires nationaux et des troupes de ligne aux ordres de M. Dorières, lieutenant-colonel du 15e régiment, et de M. O. Keeff, lieutenant-colonel du 87e régiment, suivi d'un détachement de hussards, et de faire raser les retranchements de l'ennemi par 200 travailleurs commandés ; nombre de citoyens s'y portèrent en foule, ce qui n'éprouva aucun obstacle.

Le même jour, les incendies fumaient encore, mais tout était calme dans les murs de Lille. L'ennemi avait remporté, avec sa honte, ses instruments de guerre brisés ; sa perte, suivant nombre de rapports, peut être évaluée à environ 2,000 hommes tant tués que blessés, parmi lesquels nombre de ses canonniers et bombardiers.

Le 9, la destruction des ouvrages de l'ennemi a été poursuivie aux ordres du lieutenant-colonel Guiscard, commandant de l'artillerie, et sera continuée jusqu'à ce qu'il n'en reste aucun vestige.

D'après le rapprochement des divers rapports faits par les déserteurs, l'armée ennemie était forte de 24 à 25,000 hommes d'infanterie et de 6 à 7,000 hommes de cavalerie (1).

---

(1) Le matériel comprenait 12 mortiers et 50 canons et les accessoires.

La garnison de Lille, dans les premiers jours de l'attaque, n'était que d'environ 6,000 hommes d'infanterie et 600 chevaux. L'état ci-après donnera le dénombrement de ses forces et de ces accroissements successifs.

Tel est le récit exact d'une expédition atroce, exécutée contre tous les droits de la guerre et qui doit à jamais couvrir d'opprobre l'armée autrichienne aux yeux des nations civilisées. En vain, s'était-elle flattée de la conquête de Lille, sans développer l'attaque sur les nombreux ouvrages qui le couvre ; en vain, avait-elle compté, en portant sur tous les points de sa surface, l'incendie, le ravage et la mort, diviser et soulever un peuple fier de sa liberté.

Un calme froid et stoïque, à travers ce théâtre d'horreur, se peignait sur le front du citoyen indigné ; les malheurs, chaque jour, enflammaient son courage ; un sentiment héroïque soutenait ses bras défaillants au milieu des fatigues et des veilles ; enfin, tandis que le soldat, par principe et par devoir, fidèlement dévoué à son poste, y déployait, comme au milieu des flammes, une valeur peu commune, le Lillois, insensible à ses pertes, jurait de mourir, non seulement sur les restes fumants de son habitation, mais encore sur la brèche de ses remparts, où l'ennemi ne portait que des efforts impuissants. Epoque à jamais mémorable ! Puissent les chefs, les pères d'un peuple libre, rappeler à leurs derniers neveux la fierté héroïque, les sentiments généreux et vraiment patriotiques des braves Lillois !

Fait en conseil de guerre, à Lille, le 10 octobre 1792, l'an Ier de la République françoise.

> Signé : le maréchal de camp commandant. Ruault ; le maréchal de camp Lamarlière : le maréchal de camp chef de brigade du génie Champmorin : le chef de légion Bryan ; le colonel du 15e régiment d'infanterie Varennes ; le lieutenant-colonel commandant l'artillerie Guiscard (G.) ; le lieutenant-colonel du génie Garnier (J.-B.) : le lieutenant-colonel du 2e bataillon de la Somme Tory : le lieutenant-colonel du 4e bataillon de la Somme Raingard ; le lieutenant-colonel du 19e régiment d'infanterie Long ; le lieutenant-colonel du 22e régiment d'infanterie Danglas ; le lieutenant-colonel du 6e régiment de cavalerie Claranthal : le lieutenant-colonel du 13e régiment de cavalerie Baillot ; le greffier du conseil de guerre Poissonnier (1).

---

(1) Le 12 octobre 1792, la Convention nationale, après avoir entendu la lecture d'une lettre de ses commissaires à l'armée du Nord, et sur la proposition d'un de ses membres, décrète que les habitants de Lille ont bien mérité de la patrie.

ETAT DES TROUPES QUI COMPOSAIENT LA GARNISON DE LILLE
AU 5 SEPTEMBRE 1792.

Volontaires nationaux.	Manche............ 528 1er de l'Oise...... 457 3e de l'Oise....... 457 4e de la Somme... 576	2.018	
Infanterie.	15e régiment...... 666 24e — ...... 576 56e — ...... 645 90e — 513	2.400	
Artillerie.	3e régiment...... 132	132	
Cavalerie.	6e régiment...... 356 13e — ...... 450 1er esc. de hussards. 322	1.128	
	TOTAL............	5.678 (1).	
	A reporter.........	5.678	

---

(1) Dans ce nombre sont compris les prisonniers de guerre faits à Roubaix et à Lannoy, les hôpitaux et les recrues non instruites ; dans la cavalerie, le nombre de chevaux en état de servir n'était que de 600.

Report.......... 12.803

Infanterie arrivée le 4 et le 5 octobre.

22ᵉ régiment..................... 620 ⎫
19ᵉ régiment..................... 658 ⎬ 1.278

TOTAL.. .... 14.081 (1).

(1) Dans ce chiffre ne sont pas compris les canonniers, commandés par Ovigneur et Nicquet, les gardes nationaux lillois, au nombre de 8,000 environ, et les citoyens volontaires de tout âge.

FIN

Parsi et Limoges. — Imp. milit. H. CHARLES-LAVAUZELLE

Report............ 5.678

TROUPES ARRIVÉES DANS LA PLACE
A COMMENCER DU 11 SEPTEMBRE

Volontaires et infanterie.

De l'Eure......................	467	
Du Nord........................	368	
De la Somme (2ᵉ bat.)............	660	
Calvados.......................	654	
2ᵉ volontaires nationaux..........	745	4.329
Pas-de-Calais...................	482	
74ᵉ régiment d'infanterie.........	524	
87ᵉ régiment d'infanterie.........	429	

Fédérés arrivés le 1ᵉʳ octobre.

6ᵉ bataillon....................	362	
8ᵉ bataillon....................	400	
14ᵉ bataillon...................	450	2.796
15ᵉ bataillon...................	540	
16ᵉ bataillon...................	480	
17ᵉ bataillon...................	564	

A reporter........ 12.803

www.ingramcontent.com/pod-product-compliance
Lightning Source LLC
Chambersburg PA
CBHW060908050426
42453CB00010B/1607